¿Sabes, Señor?

Colección de Poemas

Elia Enid Nazario de Vivoni

ISBN: 978-0-9895986-2-0

Portada

La flor que aparece en la portada es similar a las rosas de la Tierra Santa que crecen entre las rocas. Posiblemente fuera una de éstas a las que se hizo referencia en el Cantar de los Cantares, capítulo 2, verso 1, cuando se mencionó "la Rosa de Sarón".

La foto fue obtenida del "Steven Foster Group".

La portada fue diseñada por Jann Pascal Vivoni

Foundations Publishing
P.O. Box 8068
Jacksonville, FL 32239-8068
904-813-5333
www.biblefoundations.net

Dedicación

Esta colección de poemas está dedicada a mi esposo Pascal, cuya incansable ayuda y contínuo estímulo me han servido de mucha inspiración, y a mis hijos, Eliane Marie y Jann Pascal. Que el Señor los bendiga siempre y los use para su gloria y su honra.

Este libro es la segunda edición de la Colección de Poemas que publiqué de forma limitada en el 1989. Los poemas fueron escritos o recopilados entre el 1986 y el 1989 y revelan el impacto que tuvo el Señor Jesús en mi vida cuando me salvó.
Elia E. Vivoni (2014)

Antes de conocer al Señor Jesús y de hacerlo Rey de mi vida, solía escribir muchos poemas. Debido al cambio tan grande que experimenté y asociando ese medio con mi vida fuera de Cristo, no sentí deseos de escribir por espacio de once años. Sin embargo, el Señor comenzó a darle expresión a mis nuevos sentimientos. Quise entonces rendirle honra y gloria a El al describir sus maravillas. Espero que cada expresión que aquí se encuentra le inspire a usted a acercarse más al Creador.

Dios le bendiga.

Elia E. Vivoni (1989)

Indice

¿Sabes, Señor?

¿Sabes, Señor?,
hoy que te conozco,
que he sido lavada
y redimida con tu sangre,
me parece imposible
que alguna vez te hubiera negado.

Hoy que conozco tu amor,
tu misericordia,
me parece increíble que
una vez estuviera tan lejos de ti.

Hoy son tantos los versos
que agradecida
quisiera escribir,
me parece que no fue real
que una vez no te amé.

Y mientras más pienso,
más imposible parece
que aquella chiquilla
insolente y rebelde
hubiera podido existir.

¿Sabes, Señor?,
creo que murió;
hoy otra se posa
en el mismo latir
mas con otro sentir.

La transformación es real;
mi sentir, mi pensar,
mi vivir
han cambiado de lleno
al oírte insistir.

1986

1

Jesús, Nombre dulce

Jesús,
Nombre dulce,
Nombre que encierra
la ternura, compasión y
bondad de un Salvador,
del único Salvador.

Jesús.
¿Cuántos?
Innumerables son los versos
que has inspirado,
pues nadie hay como tú,
nadie es Dios compasivo
sino tú.

Tú, sólo tú - el Rey, el Redentor,
el Santo, el Salvador,
el Cristo, el Creador,
el único y verdadero Dios -
eterno, sabio, amoroso, tierno.

El mundo no te aprecia,
no te conoce;
mas tú te deleitas en aquellos
que te alaban de corazón.

A ésos los quieres llenar
de tu mismo ser
y de ellos hacer
un tesoro especial.

Señor Jesús,
hoy mis hermanos y yo
te adoramos.
Mis hermanos y yo,
de diferentes pueblos y lenguas,
decimos a una voz,
"¡Jesús, te amamos de verdad!"

1986

Tal Sacrificio

Mi Dios,
precioso es conocerte,
poder adorarte y decirte
lo mucho que he aprendido
de tanto que has hecho por mí.

Venir a la tierra - ser hombre -
venir a sufrir y a morir,
tu cuerpo, tus pies lastimados,
oh Dios, ¿no era mucho pedir?

Mas lo hiciste,
tan gran sacrificio lo hiciste;
y gracias a ti tengo vida;
he comprobado la luz.

Mi Cristo,
anhelo, ansío llegue el día
cuando esté cara a cara ante ti,
con toda mi alma expresarte
cuanto te amo yo a ti.

14 de septiembre 1987

Creación

Belleza increíble,
Magnífica creación,
Poderosa obra
Que anuncia tu amor.

Montañas cubiertas de nieve,
Riachuelos transparentes,
Pinos majestuosos
Mirándose en los lagos,
Flores que forman
Arcoíris en el prado,
Campos verdes ondulados,
Brisas leves
Que mecen todo el valle,
Para tu gloria fueron
creados.

Palmeras, playas, arena y sol,
Loma que baja y se une al mar,
Niños bronceados
Edifican castillos,
Corren y se esconden
De las olas que los siguen;
Felices se esmeran buscando
Caracoles.
Millones de diamantes
Se forman en el agua;
A lo lejos sólo azúl
Se ve en el horizonte.

Belleza increíble,
Magnífica creación,
Poderosa obra
Que anuncia tu amor.

10 de septiembre 1988

Avecilla del Señor

Ave que vuelas felizmente entre pinos,
tus pasos vigilados por uno que es divino,
vas y vienes entre árboles jugando al escondite.

Con tu pico y tus patitas construyes un hogar;
alimentas a tus chicos trabajando sin cesar.
Aunque hay otros que te roban o te llevan
tus huevitos,
hasta te echan de tu nido para tomar lo que es tuyo,
sigues adelante, no te cansas, no desmayas,
pues el Padre te ha dicho que te cuida y te vela.
Aunque seas sólo un gorrión o un ave pequeñita,
dice que tienes comida, dice que tú eres suyo.

Avecita linda y libre,
brindas tanta alegría con tu cántico inspirado.
Cuánto gozo proporcionas al llegar inesperado.
Tu vida es un ejemplo de obediencia al Creador,
al cumplir el propósito que un día te encomendó.

Enséñame a ser portador de buenas nuevas,
de alegrar con mi llegada,
de animar con mis palabras,
como hizo el Maestro que te dió vida a ti.

28 de febrero 1989

Gracias

Gracias, Señor,
por los árboles, las flores,
las colinas y los valles,
por las brisas que juegan
con las olas del mar.

Gracias por las dulces fresas,
por el fruto de la tierra,
por el aire que en los montes
tan puro y fresco es.

Por las aguas cristalinas
de cascadas en las selvas,
por reinitas y gaviotas,
por el cedro y el ciprés,

Por las orquídeas y las rosas,
el leon, la mariposa.

Cada uno es un ejemplo
de tu gran magnificencia;
"...Y vió Dios que era bueno."
¡Alabanzas al Creador!

Apoc. 4:11

18 de enero 1989

Gracias, Señor

Gracias, Señor amado
por tantas peticiones contestadas.
Sé que has escuchado
cada oración
y te ha placido responderme
conforme a tu grandeza
y tu poder.

Gracias por amarme y buscarme,
por darme un nombre nuevo.
Gracias por la vida que disfruto,
por la seguridad de vida eterna.

Gracias por la obra que Jesús
completó en la cruz;
porque abrió las puertas del Cielo,
y tú has dicho que en su nombre
te pidamos, que creamos,
y recibiremos.

Maravillosamente
has contestado,
porque tú eres amor,
porque tú eres fiel.

Tu misericordia es para siempre.

Gracias por todo lo que tú me has dado,
mi familia, mi hogar,
mi tierra natal, mi patria celestial.

Gracias por tu Palabra
que nos inspira y guía.

Gracias por tantas cosas…
Gracias, Señor, por ti.

31 de enero 1989

Dime si soy como tú

Señor bueno y amoroso,
Tú quien tomaste forma de siervo,
dime si soy una sierva útil,
un vaso de honra.

Tú quien diste tu vida por tus amigos
y tus enemigos,
dime si soy una amiga fiel.

Tú quien eres misericordioso y justo,
dime si soy como tú.

Me examino a mí misma
a la luz de tus ojos,
ojos penetrantes que revelan la verdad,
ojos que conocen aún lo más escondido
en cada ser;
¿Me parezco a ti de veras?

4 de febrero 1989

Siervo de Dios

Conozco un corazón que es humilde;
no es altivo ni orgulloso,
es sincero y tierno.

Le pertenece a alguien
que como los demás seres humanos
no es perfecto;
pero se que este corazón
te agrada, Señor.

"Un corazón contrito y humillado
no despreciará Dios", dice tu Palabra.

Conozco un corazón así:
es paciente - cuando yo ya he perdido
la paciencia.
Es tenaz y valiente - cuando aveces me he sentido
ya cansada.

Amo ese corazón
y tal vez así lo ayudo
a que continúe adelante
sirviéndote, Señor.

31 de enero 1989

Juntos

Cuando eramos jovencitos nos llevábamos bien.
Nos gustaba estar juntos.

Pero nunca imaginé que algún día
le serviríamos al Señor… juntos.

¡Qué sorpresa nos tenía el Señor!

Después de tantos años sin vernos,
encontrarnos y casarnos,
entendiendo que los planes los había
trazado Dios …

No fué casualidad, ni capricho, ni emoción.
El Señor nos quería bendecir juntos.

El estaba proveyendo un lindo comenzar.
Atrás quedarían las amarguras y el dolor.
En nuestras manos estaba el luchar por ese hogar,
Con fe en Dios podríamos triunfar;
En su nombre y en su gracia
Tendríamos que confiar
Para juntos hacer su voluntad.

31 de enero 1989

11

Canción de una madre cristiana

Niños preciosos,
de incalculable valor,
de tierna inocencia,
de mente activa
con interrogantes diarios:
¿Por qué? ¿Cómo? ¿Cuándo?
¿Quién? ¿Qué pasaría si ...?

Y así van abriendo las ventanillas
de sus corazones
al mundo que los rodea:
la lluvia, el sol,
los truenos, las flores;

Al mundo propio:
¿Por qué me llamo así?
¿Por qué soy como soy?

A la búsqueda de Dios:
¿Dónde está mi alma?
¿Me habla Dios a mí?

Es precioso poder darles
Una canción, una oración,
Un verso, un ejemplo,
de la Palabra
una enseñanza.

Qué pena sería el no poder compartir
mi fé con ellos,
si no tuviera fe para compartir.

Mis niños,
regalo precioso,
prestado y amado,

Qué lindo es encaminarlos
por la vía del amor
y la verdad.

Septiembre 1988

Eliane

Tierna y rosada
Frágil pétalo
Delicada espiga
Formada por Dios
Hija, regalo preciado
Jamás soñé con dicha igual

La recibí con asombro
Alegría sin medida
Al fin mi niña a mí llegó
La había pedido
La había esperado
Estaba en mis brazos
La podía besar

Increíble sensación de dulzura
Y a la vez tanta responsabilidad

Un regalo, mas prestada
En mis manos entregada
Al instante a Dios clamé:
¡Es mía, es tuya
Oh Señor, es tuya!
Un milagro, creación
Tú la hiciste, la formaste
Tú la cuidas y la guías
Guárdala en tus santas manos

Desde hoy te la dedico
Eres el dador de vida
¡Esta vida tuya es!

19 de febrero de 1989

14

Jann P.   (Tres años)

Niño
Bebé
Chiquitito, tiernecito
Pequeñito
Ha crecido
Corre y juega
Y cómo corre
¡Cómo juega!

Sonrisa espontánea
Mejillas rosadas
Dientitos chiquitos
Cabello en los ojos

"Um – um – um"
Susurra en el piso
Al jugar
Carros, carritos
Y más cositas chiquititas
En sus manos están

Fuerte
Brinca, corre
Juega con los demás
Hoy es un tigre
Mañana un leon
Siempre feroz

Mi precioso bebé
Ya no es tan bebé
Crece y conoce
Que Jesús es real
Indaga y pregunta
Aprende y conversa
Qué rápido crece
Mi dulce bebé

19 de febrero 1986

15

A mi Mamá

Ana Estelia,
cariñosa y bondadosa,
me enseñaste lo que es
la compasión.

Frágil y hermosa,
tu alma tiene un
lugar en el Cielo;
¡Sí, mi amiga te vió en
el Cielo
en una visión!

Dulce y compasiva.
del amor de madre
vi el perdón, la aceptación,
sacrificio y esfuerzo.
Tantas veces que sufriste
en silencio.
Vi respeto y moral,
para tus hijos
una dedicación total.

Dios te bendiga
mil veces y más;
te llene de tantas riquezas
que para ti tiene,
no sólo en el Cielo –
aquí –
y de las riquezas ya tienes
admiración y aprecio,
amor y respeto.

"Se levantan sus hijos
Y la llaman bienaventurada."
Proverbios 31:28

1988

Ana Estelia Ortiz Pérez (1925 - 2014)

A mi Papá

Levantar una familia
es dura labor en verdad.
Cuánto sacrificio conlleva,
cuántas horas de afán;
sólo el padre lo sabe
y el Padre Celestial.

Exponiendo su vida a peligros
en países lejanos y frios,
este soldado salió
buscando el sustento
que los suyos requerían.

Te agradezco el sacrificio
aunque no siempre lo entendí;
no es fácil el ser padre.

De lo que tuviste nos diste;
nunca nada nos faltó.

Gracias, Papi

1988

Eleuterio Nazario Vega (1925 – 2000)

No te diste por vencida

Dedicado a mi hermana,
Delbis Nazario de Fernández

Una persona en tinieblas está.
La noche es interminable;
la soledad es insoportable;
la pieza es una cárcel
donde ni siquiera habitan sombras.
Sólo vacío arropa ese triste lugar.

En esa persona hay batallas;
hay conflictos,
dolor, orgullo, ira.

Muchos años ha vivido
en una mente encadenada
donde hay constante lucha.

Pero…
el Mensaje va calando.
Va abriendo puertecitas
aún en lo más profundo.
La luz se va filtrando
en la angustiosa oscuridad.

Sabes …
Cada carta hizo impacto;
cada verso que encontré
debajo de la almohada
fue rompiendo la coraza.

Aunque los echara a un lado
o los tirara enojada,
cada uno hacía mella;
cada uno era una huella
que llegaba muy adentro.

El Señor me fue tocando
y mi espíritu inquietando.
Aunque puse resistencia
y preguntas me acechaban,
poco a poco fuí entendiendo.

Encontré respuestas claras;
encontré la salvación
y la angustia terminó.

Tomó perseverancia.
No te diste por vencida.
Me ofreciste tu tiempo y
tu atención.

Sembraste y confiaste en el Señor.
Hoy puedes ver el fruto
de tu dedicación.
Gloria al Señor por siempre.

Deseo exhortar a los hermanos que están orando por sus seres queridos
a que sigan adelante, "Porque a su tiempo segaremos, si no desmayamos."
Gálatas 6:9

20 de diciembre 1988

Quiero agradecerle al Señor me haya permitido tener tan dulces
recuerdos de mi abuelito materno. Si escribir estas líneas
me ha ocasionado lágrimas, las derramo gozosa
pues son un tributo a un gran hombre.

10 de septiembre 1988

En memoria de Ramón A. Ortiz

Abuelito Mon…
qué dulce suena su nombre;
cuánto evoca pronunciar
su nombre…

Paseos en el campo,
caminatas hasta el río,
trillitas en la guagua,
vueltas en la grúa,

Levantarme muy temprano
para mi leche tomar
acabada de ordeñar,
compartir con él su queso,
su café y su pan,
oír su carcajada,
salir a "trabajar"

Con machete y en su "Kaqui",
su sombrero no faltaba,
con amor y gran ahinco
su finca cultivó.

Trabajó toda una vida
siempre con dedicación,
amando su terruño,
críando a su familia,
atendiendo a Abuela Flora.

Sembrando, segó
fruto tras fruto
de su perseverancia.

Alto y esbelto,
de ojos grises,
linda mirada.

Cuánto evoca
pronunciar su nombre,
mi querido
Abuelo Mon.

Ramón A. Ortiz Vélez (1895 – 1988)

Doña Florita

Algunos te dirán, "Doña Florita".
Verán la esposa y madre.
Verán tantos años incansables
de crianza y sacrificio.

Algunos verán una señora muy amable
con sonrisa encantadora,
brindándoles el cafesito de las tres,
Galletitas, queso, pan …

¡Cuántos han subido a tu casa
para ser atendidos con bondad!
Algunos te llaman "Tía",
Otros te llaman "Madrina",
Otros, " Doña Florita",
Pero qué alegría la mía,
Te puedo llamar "Abuela".

Yo veo una abuelita muy querida
que antojos nos hacía, ¿te acuerdas?,
que a los tres nos defendías.
Con cuánto amor nos recibías
después de cada viaje.
Dulces cartas me escribías
Con tu letra sin igual.
Cuántos ratos placenteros
a tu lado yo pasé
escuchando historias y poesías
que de niña aprendiste.
Viajes al pueblo a caballo,
la casa vieja, la "Flora",
tu album lleno de retratos de familia -
todas estas cosas son tan tuyas, Abuelita,
y yo las he podido compartir.
¡Qué alegría la mía!

12 de diciembre 1988

María Florentina Pérez (Flora) (1897 – 1995)

El perdón

Dedicado a mi hermano, Ramón E. Nazario
y a su esposa Teresa Ramos

"Padre, perdónalos..."
Clamó Jesús mientras sufría
Terriblemente en la cruz,
" No saben lo que hacen. "

Palabras muy ciertas pues
Hombres y mujeres se mofaron,
Lo injuriaron, le gritaron,
Olvidando sanidades,
Olvidando los milagros,
Olvidando que la muerte él había
Derrotado.

Al Creador del universo estaban rechazando.

Sus ojos compasivos miraron
Más allá de los insultos
Y horribles latigazos.

Su amor tan sublime e infinito
Fué probado hasta el final.

"Amad a vuestros enemigos,"
Había dicho.

El momento de la prueba había llegado.

De sus labios no salió ni una maldición.
No pidió fuego del cielo que los consumiera;
No pidió que la tierra se abriera
Y los tragara.
Sólo pronunció palabras llenas de perdón,
Llenas de amor.

Su misión la cumpliría hasta el final.
Sólo con su muerte podría haber redención.
Sacrificio único y perfecto era El.
Sólo su sangre,
Sangre pura y limpia, nos podría lavar.

"Padre, perdónalos, porque no saben lo
Que hacen,"
Dijo Jesús mientras sufría
Colgado de la cruz.

Por tus pecados y los míos padeció,
Sabiendo que la cruz no era el final.
Vendría la resurrección.

2 de febrero 1989

Revelación de Dios
Para Gracia y Joffre

Un día las luchas cesarán;
También el llanto y el dolor;
Los pesares quedarán atrás;
La angustia acabará.

Entonces entenderemos tantas cosas.
Entraremos por puertas de perlas
A una nueva ciudad.
El Señor nos tenderá la mano;
Nos dará la bienvenida;
Nos llevará al Padre
Diciendo,
"A éstos yo he rescatado."

Son tantas las formas en que se nos ha revelado;
Son muchas las maneras en que El nos ha hablado:
Por la creación, por su Palabra,
Por mensajeros que lo aman;
Por el suave golpear
En nuestros corazones.

La naturaleza muestra su magnificencia;
Nos muestra el Ser Supremo
Que todo ha diseñado.
El habló y todo fue hecho
Por el poder de su Palabra.

Hay un libro que está lleno
De historias y promesas,
Un libro fundado en la Verdad.
Describe al Maestro,
Su propósito y su obra,
Nos habla de la travesía
A nuestro nuevo hogar.
Nos da las herramientas;
Nos muestra el Camino;
Nos dice que hay un Cristo
Que en la cruz se dió
Y que resucitó.

Hay personas hoy viviendo
Como nunca imaginaron,
Con amor, paz y esperanza
Reflejados en sus rostros;
Seres que una vez odiaban
O mentían o engañaban.
Hoy son seres transformados
Por el poder de la Palabra.

Si, El se revela de muchas formas,
Y que hermoso es cuando entra al corazón.
Tocando suavemente, pide entrar a lo profundo
Y a lo más oculto de nuestro interior.
Dice, " Vine a traer vida
A las ramas secas;
Vine con lumbreras,
Vine con comida,
Con agua y alimento
Para darte vida."

Y si creemos y aceptamos
Lo que ofrece el Señor,
Un día nos recibirá delante de su Padre,
Un día entenderemos tantas cosas,
Entraremos por puertas de perlas
A una nueva ciudad.

14 de marzo de 1989

Gracia María Del Valle (1926 - 2000)
Joffre E. Vivoni Bahr   (1919 - 1993)

La Amistad

Escuchar lo que me dices,
Compartir ideas contigo,
Aprender de ti,
Dar de mí,
… eso es amistad.

Aconsejar por la Palabra
Según tu necesidad,
Respetar tu individualidad,
… eso es amistad.

Darte muestras de mi afecto,
Una palabra, una sonrisa,
Brindarte lo posible
De mi tiempo y mi talento,
Orar por ti,
… eso es amistad.

En Jesús tengo el ejemplo
De un amigo de verdad.

4 de febrero 1989

Celebración de una amistad
Para Jeanette Weaver Whitley
(Jenny)

Veinticinco años o más…
¿Será posible que te haya conocido
tanto tiempo atrás,
y que durante estos años
hayamos podido cultivar
esta amistad?

Qué bueno ha sido el Señor conmigo;
Aprecio y valorizo tu amistad.

Desde jovencitas comprendimos la necesidad
De cuidar y velar por esta amistad.
Tú la cultivaste con esmero,
De igual manera espero
haberlo hecho yo.

Ni el tiempo ni mudanzas
A lugares muy distantes
Opacaron la amistad
Que en un salón de clases
Aquel año se inició.
Conocíamos lo que era
Ir de sitio en sitio,
Intentando tener nuevas amigas
Ya que muchas se habían quedado atrás

Desde el principio nos respetamos
Y ayudamos,
Gozamos y sufrimos,
Compartimos y estrechamos
Lazos de adolescentes.
Aprendimos a apreciarnos.

En estos días de tanta prisa,
Y de amistades pasajeras,
Me conmuevo al recordar
Desde cuando ha existido esta amistad.

Dios te bendiga a ti y a los tuyos.

7 de marzo de 1989

Carta a una jóven
Dedicado a Laurita, quien hoy conoce ese Amor

Hace unos años supe de ti,
Y aunque no te conocía, en mi corazón sentí
Gran compasión y amor.
Sentí deseos de compartir
El amor de Dios contigo;
Decirte que sin El no se puede ser feliz.

Buscar amor por otras sendas
Sólo trae frustración;
Los honores, el dinero,
Los estudios, el trabajo
Satisfacen por un tiempo
Ya que todo es pasajero.
En tu ser hay un lugar
Que sólo Dios puede llenar;
Si lo pones a El primero
Y tus metas reevalúas,
El Señor te proveerá
Todo cuanto necesites.

El te ama, te creó,
Te diseñó, y te formó;
Tiene grandes cosas para ti.
No hay pecado en él;
El no falla, El no miente.
Su Palabra es real,
Es la roca que no cambia,
Es el fundamento
Unico y veraz.
Merece tu confianza, tu fé
Y tu alabanza;
Pero más que nada,
Es tu amor lo que El anhela.

"Buscad primeramente el Reino de Dios y su justicia,
y todas las cosas os serán añadidas." Mateo 6:33

2 de enero 1989

La verdad

"¿Qué es la verdad?,"
Se preguntan los sabios,
Los intelectuales, el joven,
El hombre que necesita
Tomar una decisión.

"¿Qué es la verdad?"
De esa pregunta depende
La dirección de tu vida.

Su crees que no existe,
Te encontrarás decepcionado,
Aturdido,
La vida no tendrá sentido;
Serás muy infeliz.

Yo lo sé – yo dudé que existiera
La verdad.

"¿Qué es la verdad?"
De esa respuesta depende
La formación de tu caracter.

"Todo es relativo,"
Dicen algunos.
Con eso tal vez niegan
La moral, la honestidad,
La sinceridad.

"¿Qué es la verdad?"
Algunos creen encontrarla
En misticismos, sin saber
Que se engañan a ellos mismos
Adorando dioses muertos.

"¿Qué es la verdad?"
¿Por qué mejor no te preguntas?:
¿QUIEN es la verdad?

Investiga y lo hallarás.

Jesús dijo: " Yo soy el camino, la verdad, y la vida
nadie viene al Padre sino es por mí." (Juan 14:6)

18 de enero del 1989

Nuestro templo

Nuestro templo…
Pequeño, estrecho
En tamaño,
No así ante los ojos del Señor,

Pues cuántas vidas
No ha visto
Reconciliarse con Jesús,
Entregarse al Señor,
Recibir innumerables
Bendiciones
Al ver sus oraciones escuchadas,
Sus peticiones
Contestadas,
¡Gloria a Dios!

Nuestro templo…
Cuántas ramificaciones tiene…
No en espacio –
En propósito de Dios.

Hermanos diferentes,
De distintas lenguas
Y costumbres,
Cada cual con la alabanza
Que sale de su corazón,
¡Alabado sea el Señor!

En español y francés
Tagalo e inglés
Corazones inspirados
Que no desprecia Dios
Pues contritos y humillados
Cantan al Creador.

Gloria a Dios por este templo
Donde la Palabra fluye
Y alimenta,
Se riega y germina.

Gloria a Dios por cada ser
Que por sus puertas ha entrado
Y ha sido consolado,
Visitado,
Levantado
Y tocado
Por nuestro Dios.
¡Aleluya!

4 de septiembre 1988

A mis hermanas de la Congregación
Iglesia de Dios Hispana
De Jacksonville

Son tantas las veces que
Me has demostrado tu amor
Con una sonrisa, un abrazo,
Un gesto de bondad.

Me preguntas cómo estoy;
Te preocupas por mí

Entiendo que el Señor
Ha puesto ese amor;
Y hoy quiero agradecerte
Cada gesto de amor,
Cada palabra alentadora,
Cada tierna mirada
De bondad.

Entiendo que somos fruto
De su gran amor
Y cuidado,
Fruto que El va perfeccionando
Cada día al enseñarnos
Lo que significa
Ser hermanas.

Tengo tanto que aprender,
Tanto que agradecer.

Hoy de corazón
Le doy gracias al Señor
Por ti.

4 de septiembre 1988

Siervas útiles

Hermana,
Dios te bendiga, Dios te fortalezca;
Dios te guíe y ayude siempre
En todo lo que emprendas,
En todo lo que El
Te mande a hacer.

Somos siervas;
Deseamos ser siervas útiles,
Vasos de honra;
Necesitamos ser moldeadas,
A imagen suya.
Que gozo y privilegio
El nuestro –
Ser llamadas hijas de Dios.

Marchemos a la Victoria
Sabiendo que el tiempo es corto,
Es precioso;
Fijemos la mirada en
Lo mas importante,
Lo primordial –
En El,

Nuestro Rey y Salvador,
Señor y Creador,
Quien nos da fuerzas para seguir,
Valor para combatir el mal,
Sabiduría para discernir.

Tenemos tanto que hacer;
Mas sobre todas las cosas,
Es nuestra obligación:

Serle fiel,
Y enseñarles a los nuestros
A serle fiel;

Confiar,
Y enseñarles a confiar;

Servir,
Y enseñarles a servirle de corazón

No por ganancia,
No por jactancia,
Por amor,

En gratitud,
En sumision,
Con gozo,
Con deleite,

¡Alabado sea su Nombre!

Deleitarlo,
Deleitarnos en la
Alabanza,
Dando gracias,
Meditando en sus palabras,
Preparándonos para ese encuentro,
Cuando sea,
Donde sea,
Como sea.

Dios te bendiga, Dios te fortalezca;
Dios te guíe y ayude siempre.

30 de agosto del 1988

Bendito Señor

Bendito Señor,
Dios del universo,
Cuando no te conocía,
Que triste y vacía
Era mi vida;
Poco a poco perecía.

Tantas clases, tantos libros,
Tantas extrañas filosofías,
Viajes y experiencias
A nada conducían,
Imposible es encontrar
En otros felicidad.

Nadie más puede quitar
Esa mancha ten monstruosa
Que el pecado originó;
Nadie más puede llenar
Ese vacío tan inmenso
Donde sólo cabes tú.

Noches sin dormir
Buscando entender
Que me ocurría;
Nada entendía.
Desesperación y angustia
En mi prevalecían.

Hasta que un día,
Glorioso día,
A mí viniste.
Te revelaste como Dios
Poderoso y amoroso;
Extendiste misericordia
Y favor.

¡Cuánto perdón
Derramaste sobre mí!
En visión caía
Esa sangre preciosa,
Roja y pura;
Fluía sin manchar –
Maravilla de tu amor.

Nuevo nacimiento
Me ofreciste
Y cumpliste.
Hubo cambio interno
Y externo.
En mis pensamientos
Y actuaciones,
Conceptos e ideales,
Fuí cambiada.

La angustia se fué;
La paz comenzó
El día que te dije,
"Quiero cambiar"

1988

Nació Jesús

"Grande es el misterio de la piedad
Dios fue manifestado en carne,
Justificado en el Espíritu,
Visto de los ángeles,
Predicado a los gentiles
Creído en el mundo,
Recibido arriba en Gloria."
1ra de Timoteo 3:16

"Palabra fiel y digna de ser recibida por todos:
Que Cristo Jesús vino al mundo
para salvar a los pecadores."
1ra de Timoteo 1:15

Nació Jesús

Los ángeles cantaron
Festejaron
Adoraron
Al Dios del cielo

Nació Jesús
La luz vino a los hombres
A un mundo en tinieblas
Llegó la salvación

Nació Jesús
En humilde pesebre
La historia más hermosa
Se desarrolló

"¡No temáis, porque he aquí os doy nuevas de gran gozo;
Que os ha nacido hoy
En la ciudad de David,
Un Salvador,
Que es Cristo el Señor!"

Nació Jesús
En sus manos trae
Esperanza y fé
Belleza y verdad
Compasión y amor

"¡Gloria a Dios en las alturas;
Buena voluntad para con los hombres!"

Nació Jesús
Nació Jesús
¡Nació Jesús!

Diciembre 1988

41

Agradecimiento

Deseo expresar mi agradecimiento en primer lugar a mi Señor Jesús quien puso cántico nuevo en mi boca y me ha dado inspiración. Le agradezco a mi hermana, la pastora Delbis Fernández, que haya intercedido por mi salvación y me haya instruído en los caminos del Señor. Les agradezco a los hermanos y hermanas de la Iglesia de Dios de Jacksonville y al cuerpo de Cristo su cariño y palabras alentadoras, en especial durante estos últimos años en los cuales mi familia y yo hemos pasado por situaciones difíciles de enfermedad y pérdida. Le agradezco a mi familia el amor tan lindo que me demuestran, sobre todo mi esposo, quien ha trabajado incansablemente para que este libro sea publicado.

Gracias, Jann Pascal, por ayudarme con la portada y la foto.

Gracias, Eliane y Laurita, por la aportación que me han dado.

¡En todo he visto la gloria de Dios!

Datos sobre la autora

Aunque Elia Enid Nazario de Vivoni nació en Arecibo, Puerto Rico, su familia proviene de "la Ciudad de las Lomas", San Germán. Desde pequeña, le encantaba estar con sus abuelos maternos en la finca de Rosario Alto o con la familia Nazario en Minillas, ámbos barrios de San Germán, pero debido a que su padre estaba en el ejército de los Estados Unidos de América, su madre comenzó a viajar con ella y sus hermanos, Delbis y "Junny", desde que Elia tenía cinco años. El primer lugar fue Columbus, Georgia, donde Elia comenzó su primer grado y aprendió inglés. Durante los veinte años que su padre estuvo en el servicio militar, la familia vivió además de Puerto Rico y Georgia, en Carolina del Sur, en el país de Alemania, y en Louisiana. Al llegar a la escuela superior, Elia quiso estudiar francés pero ninguna de las escuelas secundarias a las cuales asistió lo ofrecía así que no fue hasta llegar a la Universidad de Puerto Rico, recinto de Mayagüez, que pudo hacerlo. Al terminar su bachillerato con concentraciones en inglés y francés, obtuvo una beca de la Alianza Francesa para estudiar en La Sorbona, Universidad de París. Allí, por la gracia de Dios, obtuvo grados posgraduados en lingüística francesa y en educación.

En el verano del 1975, cuando estaba de receso en Puerto Rico, tuvo un encuentro con el Señor Jesús que cambió su vida. En el 1977 contrajo matrimonio con el Dr. Joffre Pascal Vivoni, dentista de profesión, y en el 1981 se mudaron para Jacksonville, Florida obedeciendo el llamado que les hiciera el Señor Jesús de predicar las buenas nuevas de Dios en esa ciudad. Desde entonces, ha ayudado a su esposo a pastorear la Iglesia de Dios Hispana de Jacksonville (Jacksonville Hispanic Church of God) y recientemente obtuvo credenciales de la Iglesia de Dios (Church of God) con sede en Cleveland, Tennessee.

Tiene un hijo, Jann Pascal Vivoni y una hija, Eliane Marie Smith, casada con Jason Spencer Smith, y dos nietecitos, Ciara Marie y Jackson Taylor Smith. La hija mayor del Dr. Vivoni es Laura Caresse Vivoni y las nietecitas son Gabriela Yanira y Elsie Liz Toro.

Con la ayuda de Dios, este libro es solamente el comienzo. La autora tiene más poemas y otros proyectos que el Señor le ha puesto en su corazón publicar.